Birgit Johanna Frantzen

Starke Worte für starke Menschen

Ausgewählte Lebensweisheiten

Starke Worte
für starke Menschen

Titelbild: Nebelhorn/Oberstdorf,
August 2011

3. Auflage Mai 2012

Umschlaggestaltung & Layout:
Birgit Johanna Frantzen,
Gerrit Garbereder

Fotos:
Birgit Johanna Frantzen,
Bernd Frantzen

www.Starke-Einfaelle.de

Herstellung und Verlag: Books on Demand
GmbH, Norderstedt. Printed in Germany

ISBN   978-3-8482-1212-5

Meine Gedanken
zum Titelbild

*Alles, was geschieht
hat einen Grund.*

*Erst wenn du dir
dessen bewusst wirst,
wird dich diese Erkenntnis
auf einen neuen Pfad leiten.*

*Du erkennst selbst,
was gut und weniger gut
für dich ist.*

Gedanken zum Titelbild

Egal was das Schicksal
mit dir vor hat
und über dich
geschehen lassen wird –

erkenne die Zeichen
für eine längst anstehende
Veränderung,
eine Veränderung in dir.

Starke Worte
für starke Menschen

Vorwort

Beim Schreiben

kannst du deiner Seele und deinen

Gedanken

freien Lauf lassen

und dabei Schönes,

Wichtiges und Eindrucksvolles

für dich selbst

und deine Mitmenschen

festhalten.

Birgit Johanna Frantzen

Starke Worte
für starke Menschen

Starke Worte
für starke Menschen

Für meine Mutter,

von der ich die Gabe
des Dichtens geerbt habe.

Starke Worte
für starke Menschen

Starke Worte
für starke Menschen

*Dieses Portrait entstand bei einem
Wochenendtrip zum Rurberg/Eifel
im Sommer 2010.*

Starke Worte
für starke Menschen

Starke Worte
für starke Menschen

An meine Leser:

In jungen Jahren hatte ich bereits die göttliche Gabe einer reichhaltigen Phantasie. Diese entlud sich meist kurz nach meinem Zubettgehen, indem ich mir die witzigsten Geschichten ausdachte, natürlich begleitet von etlichen Lachsalven, während meine Eltern mit gespitzten Ohren hinter der geschlossenen Zimmertüre verweilten und voller Spannung dem abendlich höchst amüsanten Hörspiel ihrer Birgit zuhörten.

An meine Leser

Wer bekommt schon von einer Siebenjähren des Abends illustre Geschichten zu hören, ganz besonders, wenn diese eigentlich schlafen sollte?

Eines steht jedenfalls fest, meine blühende Phantasie hat mich bis heute nicht verlassen, ganz im Gegenteil, sie ist unerlässlicher Bestandteil meines Ichs geworden, zu der sich im Laufe der Jahrzehnte auch noch Witz, Humor und Originalität hinzugesellen durften.

Auch wenn sich dies alles recht locker anhört, muss ich erwähnen,

An meine Leser

dass mir in meinem Leben keineswegs alles mit Leichtigkeit in den Schoß gefallen ist. Meist hieß es hart an den Fronten kämpfen, beruflich wie privat.

Diese Erfahrungen sind für meinen ausgeprägten Lebensweg einfach unerlässlich gewesen und trotz aller Mühen, diesen zu meistern, kann ich nur in Dankbarkeit auf meine vergangenen Zeiten zurückblicken.

Seit etlichen Jahren lasse ich meinen Stress und Ärger in sportlicher Form hinter mich, nämlich mit Joggen.

An meine Leser

Hierbei kann ich bestens
abschalten, meinen Gedanken freien
Lauf lassen und meine
unersättlichen Sprechblasen beim
Joggen auf mein Handy diktieren.
Die meisten meiner Aphorismen sind
auf diese Weise entstanden.

Birgit Johanna Frantzen

Inhalt

Gedanken

Trettachtal/Christlessee/Oberstdorf

Gedanken zum Bild

Umschlossen von Bergen
in der Tiefe des Tales
füllt er sich, der See.

Aus den schillernden Farben
des Seegrunds und des Himmels
entfaltet er seine Pracht
und verleiht sich selbst
die Stärke seines Ausdrucks.

So wie der Bergsee sich füllt,
mit dem was ihn umgibt,
füllen sich meine Gedanken
und geben sie wieder.

Gedanken zum Bild

Nehme die Ruhe und die Stille
des Sees in mir auf.
Lasse die Gedanken über ihn
hinwegschweifen.

Besinne mich der Dinge, die ich
habe erleben können. Halte sie
bewusst und innig fest. Vereine sie
und schreib sie nieder.

Gedanken

Jeder Tag ist einzigartig
und wertvoll an Erfahrung,
so wie die Menschen,
die dir begegnen und
in dir auf individuelle Art
ihre Eindrücke hinterlassen,
um dein Leben auf
vielfältige Weise zu bereichern.

***

Du hast nur ein dir bewusstes
Leben, darum frage in der zweiten
Lebenshälfte nicht lange nach dem
Sinn und Zweck deiner Taten –
handle!

***

Gedanken

Die Welt ist so riesig,
und doch kann etwas Großartiges
dabei auf den Punkt gebracht
werden.

*****

Starke Worte
für starke Menschen

Lebenserfahrung

Kanzelwand/Oberstdorf

Gedanken zum Bild

In Zeiten, wo sich die Welt,

der Mensch und die Natur

drastisch verändern,

Gedanken zum Bild

ist es wichtig,
dass du Oasen findest in denen du
in dich gehst und auf dich besinnst.

Hole aus dir selbst die Kraft, um mit
positiver Energie jeden weiteren Tag
deines Lebens wertvoll zu gestalten.

Befreie dich vom äußeren Druck.
Lege bewusst Pausen ein, um dich
gesund zu halten.

Nur so kannst du lange die schönen
Dinge des Lebens wahrnehmen und
genießen.

Lebenserfahrung

Stelle dich deinem Leben

so wie es dir begegnet,

nehme es an

mit seinem ganzen

Für und Wider,

ziehe aus ihm Lehre,

Erfahrung und Weisheit,

betrachte es als etwas Besonderes

und Außergewöhnliches

deiner Selbst.

***

Schön, dass das Leben bunt ist und

seine Vielfältigkeit zeigen kann.

***

Lebenserfahrung

Nichts solltest du dem Zufall
überlassen,
doch der Zufall will es,
dass Dinge geschehen,
die du nicht beeinflussen kannst.

***

Höhen und Tiefen gehören zum
Reifeprozess eines jeden Lebens.
Es liegt an uns selbst,
ob wir sie in Bürden oder
Glückseligkeiten verwandeln.

***

Lebenserfahrung

Die inneren Werte des Menschen

sind nachhaltiger,

alleine schon deshalb,

weil sie die äußeren um Zeiten

überleben.

***

Keiner ist in der Lage,

sich vor ungewollten Situationen

gänzlich zu schützen.

Es liegt an uns selbst,

sie zuzulassen oder ihnen

entgegenzuwirken.

***

Lebenserfahrung

Veränderungen, die uns begleiten,

sind das, was das Leben ausmacht.

***

Einer, der sein Lebensziel nur

in der Erfüllung seiner

Arbeitspflichten sieht,

dem entgeht die wunderbare Vielfalt

des Lebens.

***

Der Mensch wird nur durch seine

Lebenserfahrung zu dem was er ist

und darstellt.

***

Lebenserfahrung

Geist und Wesensart eines
Menschen sind eindrucksvoller,
als alles,
was er äußerlich vorgibt an Wert
zu besitzen.

***

Nur die Menschen,
leben im Einklang mit sich selbst,
die ohne Neid und Missgunst
anderen gegenüber mit Verständnis
für ihr individuelles Denken
und Handeln begegnen,
als auch Offenheit und
Toleranz besitzen.

***

Lebenserfahrung

Schaue einem Menschen

ins Gesicht,

und du kannst seine

Lebensgeschichte lesen,

betrachte seine Handschrift, und du

erkennst seine Wesensart und

Lebenseinstellung.

***

In den ersten fünf Jahrzehnten

muss der Mensch genügend

Erfahrung und Weisheit sammeln,

um sie in weiteren Jahrzehnten

endlich in Taten umzusetzen.

***

Lebenserfahrung

Wenn alle Menschen

in der Lage wären

die Körpersprache und Handschrift

ihrer Mitmenschen

zu analysieren,

käme manche Begegnung und

Konversation

wohl niemals zustande.

***

Du lebst nicht um zu sterben,

sondern du stirbst zwangsläufig

einmal,

weil du gelebt hast.

***

Lebenserfahrung

Ab einer gewissen Fülle
von Wörtern
fällt das Denken und Sprechen weit
mehr aus dem Rahmen.

***

Bleibe dir selbst treu.
Lasse dich nicht durch Widersacher
von den Plänen deines für dich
bestimmten Weges abbringen.
Menschen die dir nur mit Intoleranz
und Missgunst begegnen, versuchen
nur dir und
deiner Entfaltung zu schaden.

*****

Kritik

Nebelhorn/Oberstdorf

Kritik

Gedanken zum Bild

Kritik dir gegenüber
gibt dir die Zeit über
dich selbst nachzudenken.

Kritik bietet dir die Chance der
Veränderung und Erneuerung.

Kritik verschafft dir die Möglichkeit
dich mit deinem Handeln
und deinen Mitmenschen
konstruktiv auseinanderzusetzen.

Kritik lässt dich mit der Zeit gehen
und prägt deinen Charakter.

Gedanken zum Bild

Kritik zeigt, dass du in den

Gedanken der anderen aktiv

weiterlebst,

dass sie ein wahres Interesse an

dir, deinem Sein und

deinem Handeln haben,

und du für sie wichtig bist.

Kritik kann dich vor Unheil

bewahren und dir

wahren Erfolg bescheren.

Sehe Kritik immer als etwas

Positives

und nehme diese getrost an.

Kritik

Kritik ist das beste Mittel,
um an sich selbst zu arbeiten.

***

Nur durch die Kritik
uns gegenüber
können wir in uns gehen und
unser Sein und Handeln
überdenken.

***

Konstruktive Kritik zeichnet sich im
Besonderen durch die Form eines
guten Stils aus.

***

Kritik

Kritik ist im Leben etwas
Unerlässliches,
insbesondere für die Menschen,
die glauben vollkommen zu sein.

***

Bewahre dir jederzeit deine
Urteilskraft,
erhalte dir unabhängig des
Anlasses
deine uneingeschränkte
Kritikfähigkeit,
und es wird nicht nur dir von
Nutzen sein.

***

Kritik

Wichtig im Leben ist,
dass du zu dir selber stehst,
damit du mit der Kritik
anderer dir gegenüber
umzugehen weißt.

***

Kritik ist etwas Unabdingbares,
das einem Menschen
zur Wesensbildung und
zu wichtigen Erkenntnissen
verhilft.

***

Kritik

Kritik dir gegenüber ist etwas

sehr Positives,

jedoch die deiner Neider

betrachte kritisch und mit

Distanz.

*****

Starke Worte
für starke Menschen

Macht

Nebelhorn / Oberstdorf

Gedanken zum Bild

Macht des Glaubens,

Macht des positiven Denkens,

Macht des Wissens,

Macht der Herrschaft.

Macht

Macht hat viele Fassetten -
erdrückende wie belebende.

Macht im gesunden Maße
kann ein Segen sein,
doch in dogmatischer Form
zerstört sie nur Mensch,
Tier und Natur. –
Letztendlich sich selbst!

Bedenke –
die größte Macht hat dein Körper,
durch die Macht seiner Gesundheit.
Ohne sie ist alle Macht verloren.

Macht

Das Streben nach Macht fordert
oftmals den hohen Preis der
Selbstaufgabe.

***

Ruhm, Macht und Reichtum sind
die größten Feinde des
menschlichen Charakters.

***

Bei allem Machtstreben
sollte die Zeit für sich und
die Besinnung auf sich selbst
nicht fehlen.

***

Macht

Die Menschen, die von sich und
ihren Taten positiv überzeugt sind,
haben die Macht, ihre Mitmenschen
mitzureißen.

***

Manche Menschen glauben nur
durch ihr Wissen und Streben
nach Macht die nötige
Anerkennung zu erlangen,
dabei sollten sie sich besser
beizeiten ihrer selbst besinnen,
ehe es zu spät ist.

***

Macht

Wer das eigene Machtstreben
in Grenzen zu halten weiß,
der kann sich selbst und
andere vor dem Schlimmsten
bewahren.

***

Macht ist nicht ausschließlich an
Wissen und Können geknüpft,
vielmehr noch zeichnet sie sich
durch die Art der
Selbstdarstellung aus.

***

Macht

Macht alleine vermag den Menschen
nicht glücklich zu machen.

***

Das Streben nach Macht kann zu
einer Form der Sucht werden,
bei der du nur dich selbst im
Vordergrund siehst
und dir jedes Mittel recht ist,
um diese Macht zu erhalten. –
Nicht selten kehrt sich diese um,
mit fatalen Folgen für dich und
die, die unmittelbar davon
betroffen sind.

***

Macht

Es gibt Menschen,

für die ist die Macht,

die sie ausüben,

eine Art Selbstbestätigung

für Dinge,

die ihnen durch andere

nicht in genügendem Maße

zuteilwerden.

***

Nicht nur Können ist Macht,

Schlagfertigkeit und Kreativität

stehen dem in nichts nach.

***

Macht

Macht verleiht einem Menschen besondere Stärke und raubt dabei nicht selten Charakter und Menschlichkeit.

*****

Krise

Nebelhorn/Oberstdorf

Gedanken zum Bild

Krise ist der Kampf mit dir selbst,

mit deinem inneren Ich.

Krise

In ihr zeigt sich dein wahrer Glaube,
dein fester Stand zu dir und deinem
Handeln.

In der Krise zeigen sich ebenso
deine wahren Freunde,
ob sie auch dann zu dir halten
und zu dir stehen,
wenn du dich nicht auf dem
Gipfel des Erfolges befindest.

Eine Krise ist die Herausforderung
deiner Selbst. Sie alleine hat das
Schicksal in der Hand -
zwischen Triumpf und Verfall.

Krise

Krisen gehören zu den
Stationen des Lebens.
Sie bringen uns wichtige
Erkenntnisse,
geben uns neue Impulse
und zwingen uns
eingefahrene Wege nutzbringend
zu verändern.

***

Krisen sind Chancen,
um sich auf neuen Wegen mit
neuen Ideen einer
Herausforderung zu stellen.

***

Krise

Versuche schwierige Situationen,
die dir bevorstehen mit Gelassenheit
zu begegnen,
und du wirst überrascht sein,
mit welcher Leichtigkeit du sie
gemeistert hast.

***

Jeder Mensch muss mindestens
einmal in seinem Leben einer
bitteren Erfahrung entgegentreten,
um zu der Erkenntnis zu gelangen,
dass die wahre Vollkommenheit
noch auf sich warten lässt.

***

Krise

Wenn deine Wünsche nicht in

Erfüllung gehen,

nehme es gelassen hin und sei froh,

dass du den Mut hattest,

es versucht zu haben.

***

Kreative Menschen

sehen Krisen als willkommene

Herausforderung an,

ihre Ideen und Schaffenskraft unter

Beweis stellen zu können.

***

Krise

Wenn im Leben alles glatt liefe,

hätte der Mensch

keinen Grund mehr

sich anstrengen zu müssen.

***

Krisen

sind mit Wettkämpfen zu

vergleichen,

kurz vor dem Ziel

musst du nochmals dein Bestes

geben.

*****

Stärke

Kanzelwand/Oberstdorf

Gedanken zum Bild

Die Stärke eines Menschen
zeigt sich:

Stärke

Indem er in prekären Situationen
den Überblick behält,
im Kampf des Erfolges
innere Kräfte mobilisiert,

seine Gegner mit Verstand,
Schärfe und
Schlagfertigkeit in Schach hält,
in kritischen Lagen über sich
hinauswächst

und mit der Macht der Ruhe
unschlagbare Lösungen findet,
um seine Ziele mit Strategie und
Perfektion
im Kampf des Erfolges zu erreichen.

Stärke

Bleibe wie du bist,

stehe zu deiner Art des Seins,

handle intuitiv,

so wie du handeln musst,

glaube fest und unnachgiebig an

deine Fähigkeiten

und du wirst unschlagbar sein.

***

Wenn du für alle Eventualitäten

deiner Lebenslagen

gewappnet bist,

brauchst du dir um dein Handeln

keine Sorgen mehr machen.

***

Stärke

Gehe stets mit einem klaren Blick,

mit einem wachen Verstand,

mit einem offenem Ohr,

mit einem freundlichen Wort und

einem exzellenten Buch in den Tag

hinein,

und du wirst reichhaltig

belohnt werden.

***

Sei selbst von dir und deinem

Können überzeugt,

dann kannst du mit dem Sein der

anderen

weitaus gelassener umgehen.

***

Stärke

Wichtig auf deinem

Lebensweg ist,

dass du deine Stärken

erkennst und nutzt, um

an deinen Schwächen

zu arbeiten.

***

Menschen, die Intuition und einen

ausgeprägten Instinkt besitzen,

haben die Gabe,

schon weit vor den anderen

zu wissen,

was sie erwartet.

***

Stärke

Im Leben solltest du einmal
imstande sein,
etwas Außergewöhnliches zu
vollbringen.

***

Es will gelernt sein
Dinge auszusitzen,
bei denen du sehnsüchtig auf
Erfüllung hoffst.

***

Sich selbst objektiv zu betrachten ist
schon eine Kunst.

***

Stärke

Versuche im Leben immer

nach deinen inneren, goldenen

Regeln zu leben.

Nur so zeigst du Stärke und wirst

dir selbst gerecht.

***

Tatsachen solltest du

unausweichlich ins Auge schauen,

egal ob sie sich dir als

Herausforderung oder als Geschenk

präsentieren.

***

Stärke

Es müssen wohl außergewöhnliche
Menschen sein,
die die Stärke besitzen, die Fehler
anderer verzeihen zu können.

***

Einer, der glaubt über andere
Menschen urteilen zu können, sollte
ebenso imstande sein
ein klares Urteil über sich selbst
zu fällen.

***

Stärke

Nur eine exzellente
Menschenkenntnis
kann dich vor den fatalen Folgen
einer Fehleinschätzung bewahren.

***

Nehme dich selbst
genauso wichtig und ernst
wie deine Mitmenschen.

***

Es ist schon eine Kunst für sich,
anderen Menschen mit Toleranz zu
begegnen.

***

Stärke

Es bedarf rein innerer Größe,

um über sich selbst zu regieren.

Voraussetzung zum Regieren der

Mitmenschen ist jedoch neben der

absolut inneren Größe, die wahre

Stärke zur äußeren.

***

Zur charismatischen Ausstrahlung

eines Menschen gehört neben einem

hohen Maß an Wortgewandtheit

auch eine große Souveränität den

Mitmenschen gegenüber.

***

Stärke

Stärke zeichnet sich durch die
Umsetzung deiner Begabungen und
Fähigkeiten sowie deinem Können
und Wissen aus.

***

Mut ist ein Zeichen der Stärke.
Nur wenige Menschen besitzen
diesen, um anderen in
außergewöhnlichen Situationen
bedingungslos zu helfen –
oftmals unter der Gefahr des
eigenen Lebens.

***

Stärke

Leben ist nicht nur stark. Leben macht stark.

***

Die Stärke eines Menschen zeigt sich nicht alleine durch seine Redegewandtheit und sein Denken, sowie durch sein Handeln und die Macht der Führung aus, sondern vielmehr durch seine Ausgeglichenheit und Loyalität den Mitmenschen gegenüber und dem Mut einmal selbstlos über sich hinauszuwachsen, indem er Liebe und Trost spendet.

*****

Ziele

Kanzelwand / Oberstdorf

Gedanken zum Bild

Wünsche und Träume

sind der Beginn deines Ziels.

Ziele

Ziele solltest du
immer in dir tragen,
mögen sie noch so fern sein
und dich innerlich
zweifeln lassen,
sie tatsächlich zu erreichen.

Lasse dich weder durch Irrwege
noch durch Rückschläge
von deinen Zielen abhalten.

Nur Menschen, die diese bewusst in
sich tragen,
haben das Potential Visionen in
Taten umzusetzen.

Ziele

Ziele brauchen vor allem genügend
Zeit zum Reifen.

***

Die wenigsten Menschen besitzen
die nötige Beharrlichkeit,
die zum Erreichen gewisser Ziele
unabdingbar ist.

***

Ziele solltest du dir immer in
Vollendung vorstellen
und bestrebt sein, sie zu erreichen.

***

Ziele

Die Erfüllung deines Ziels vermagst
du nur dann zu wertschätzen,
wenn du um dieses
hast kämpfen müssen.

***

Rückschläge solltest du nicht als
Misserfolge werten,
sondern als segensreiche Pausen
auf dem Weg
zu einem großen Ziel.

***

Ziele

Nur der, der von sich

und seinen Leistungen

überzeugt ist,

ist in der Lage, seine Ziele zu

erreichen.

***

Die glücklichsten Ziele

sind die,

die der Mensch nicht mit

aller Gewalt

versucht zu erreichen.

***

Ziele

Wer sich ein hohes Ziel auf der

Karriereleiter gesteckt hat,

der sollte wissen,

wann er die letzte Sprosse

betreten hat.

***

Es gibt kein besseres Fundament

mit dem Vorsatz des Zieles,

als von einer Sache

felsenfest

überzeugt zu sein.

***

Ziele

Die Offenbarung wichtiger Dinge
erfordert manchmal Aufschub.

***

Der Glaube mag rechtschaffen sein,
doch erst die Überzeugung ist
vollkommen.

***

Setze dir ein Ziel und erfülle es.

*****

Starke Worte
für starke Menschen

Erfolg

Nebelhorn/Oberstdorf

Gedanken zum Bild

Erfolg –
ist die Vollendung deines Ziels.

Es ist ein harter Kampf -
ein Kampf zwischen
Höhen und Tiefen,
mit Herausforderungen,
die dich an den Rand deiner Kräfte
und Fähigkeiten bringen.

Der Erfolg, er lässt dich zu einem

echten Kämpfer werden.

Kein Aufgeben,

keine Resignation, sondern

Standfestigkeit und Durchhalten

sind die Worte des Sieges.

Erfolg -

ist die Krönung

deiner Schaffenskraft,

der Stolz deines Lebenswerks.

Erfolg

Erfolgreich

kann nur derjenige sein,

der den festen Glauben

an sich selbst behält

und von sich und

seinen Leistungen

überzeugt ist.

***

Ein Chef, der seine Mitarbeiter aus

Überzeugung heraus zu begeistern

vermag,

braucht sich um seinen Erfolg keine

Sorgen machen.

***

Erfolg

Erfolge,

die erst nach Beschreitung

steiniger Wege eintreten,

haben einen weit höheren Wert,

obwohl für sie mehr Energie und

Zeit aufgewendet werden musste,

ist ihr Bestand fester;

alleine schon deshalb,

weil sie länger reifen konnten.

***

Auf dem Weg zum Erfolg solltest du

jede Chance nutzen und nichts

unversucht lassen.

***

Erfolg

Nur durch Tatendrang
und klare Zielvorstellungen lässt
sich Erfolg ernten.

***

Einer, der in schwierigen Lagen
seinen Humor behält,
in ausweglosen Situationen seine
Kreativität unter Beweis stellt und
in ernsten Stunden seine Fantasie
nicht verliert,
der besitzt die Kraft aus
Niederlagen Erfolge werden zu
lassen.

***

Erfolg

Nur harte Arbeit an sich selbst

führt zum Erfolg.

***

Ein Mensch, der von sich selber

glaubt der Mittelpunkt der Welt

zu sein,

erntet bei weitem nicht die

Aufmerksamkeit und den Erfolg,

als derjenige,

der stattdessen mit

segensreichen Taten aufwarten

kann.

***

Oftmals sind nur die Frauen der
wahre Garant für den Erfolg ihrer
Männer,
in dem sie durch ihre
unerschöpflichen Energien für diese
zur täglichen Kraftquelle werden.

***

Großartige Dinge
sind nur mit kühlem Verstand zu
vollbringen.

***

Erfolg

Gute Laune und Frohsinn

sind der Grundstein eines

erfolgreichen Tages.

***

Manager müssen von Berufswegen

schon eine gewisse Härte mit sich

bringen,

doch sollte sie einmal

Herz und Gefühl aus der Bahn

werfen,

brauchen sie sich selbst dann

um den Verlust ihrer Sympathien

keine Sorgen machen.

***

Erfolg

Bestehe auf deine Rechte,
achte die Tugend der Ehrlichkeit
und Wahrheit,
nur so steht deinem Erfolg nichts im
Wege.

***

Menschen, die wenig reden, nehmen
sich weitaus mehr Zeit zum Denken
und Handeln, im Gegensatz zu
denen, die unentwegt sprechen und
vor lauter Redseligkeit das Meiste
vergessen, dass sie zum Handeln
hätte bewegen können.

***

Erfolg

Die Zauberkraft des Erfolgs
liegt in der Motivation
und Begeisterung
des Chefs
seinen Mitarbeitern gegenüber.

***

Es hat schon einen trifftigen Grund,
weshalb Menschen mit
zunehmender Verantwortung an
körperlicher Fülle zunehmen.
Bedenke -
selbst Burgen und Schlösser hatten
zum Schutz vor Angreifern bereits
stattliche Festungen.

*****

Starke Worte
für starke Menschen

Danksagung

Trettachtal/Oberstdorf

Gedanken zum Bild

Ein Bild, wie gemalt.
Es strahlt Ruhe und Vollkommenheit
aus.
Die Landschaft ist friedlich.
Der Künstler ist dankbar
für sein Werk.

Danksagung

Das dieses kleine Werk entstehen konnte, verdanke ich im Besonderen den Menschen, die mir bisher begegneten und in beindruckenderweise in Erinnerung geblieben sind; meinem offenen Blick für Dinge und Begebenheiten und der Gabe mich in Situationen sehr gut hineinversetzen zu können und zu guter Letzt, meiner Kreativität, die es mir möglich machte, dies alles in sinnlichen Sprüchen festzuhalten.

Mein großer Dank gilt meiner Familie, meinen guten Freunden und Bekannten, als auch Kollegen und Kolleginnen, die mich ermutigt und bestärkt haben, fest und unbeirrt meinen Weg zu gehen, den ich gehen musste, um mir meinen langersehnten Wunsch zu erfüllen.

Mein ganz besonderer Dank gilt Marlene Froitzheim, die nicht nur meinem Sohn eine wertvolle Bereicherung war, sondern die durch ihre Bemühung und Hilfsbereitschaft mir die Bekanntschaft zu Serge-A. Hillebrand ermöglichte, der mir durch seinen unermüdlichen Einsatz den Weg zu meinem ersten Werk bereitet hat und für den ich mehr als nur dankbar sein kann.

Danksagung

*Mein bester Dank gilt selbst-
verständlich Gerrit Garbereder,
der meine kreativen Entwürfe zur
Neugestaltung meines ersten
Buches wiederum als Meister der
Perfektion umzusetzen verstand, um
es nunmehr mit Spannung meinen
Lesern präsentieren zu können.*

Starke Worte
für starke Menschen

Die Autorin

Geboren im Juli 1960 in Aachen

Lebt mit ihrem Ehemann Bernd und Sohn Felix in ihrer Geburtsstadt

Beruflich tätig als Verwaltungsbeamtin im sozialen Bereich

Schreibt seit dem 12-ten Lebensjahr Gedichte und andere literarische Texte

Die Autorin

Starke Worte
für starke Menschen

Anmerkung zur Neuauflage

Erst durch die Ideen zur Gestaltung meines zweiten Buches „Starke Worte aus der Fülle des Lebens" konnte nun auch mein erstes Werk „Starke Worte für starke Menschen" überarbeitet und inhaltlich kreativ verändert werden. Da sowohl das erste als auch das zweite Buch einander ergänzen, war es für mich nicht nur eine besondere Herausforderung zur Neugestaltung, sondern auch ein absolutes Muss meinen Lesern gegenüber.

Birgit Johanna Frantzen

Starke Worte
für starke Menschen

Starke Worte
aus der Fülle
des Lebens

2. Buchveröffentlichung

*In diesem Buch befinden sich
sowohl tiefgründige, als auch recht
amüsante Sprüche wieder, die aus
den reichhaltigen Erlebnissen und
Erfahrungen meines vielseitigen
Lebensalltags heraus entstanden
sind.*

ISBN 978-3-8482-0237-9

www.starke-einfaelle.de